JN437936

쪼꼬만 행복 100

한 두 현 제08시집

을지출판공사

쪼꼬만 행복 100

쪼꼬만 행복
내 주위에 얼마나 있을까?

수십 개는 되겠지
하는 생각에 매일매일 하나씩

캐어 내다 보니
어느덧 100개에 도달할 수 있었다네

큰 행복이야
만나기도 이루기도 어렵지만 쪼꼬만 행복은

우리 주변에
지천으로 널려 있는 게 사실이라 어렵지 않게

마음만 먹으면
누구든지 쪼꼬만 행복을 누릴 수 있음을 알게 해준다

명심 명심할 일
행복 있는 곳에 불행도 있음을 알아 곁눈질 마시기를

2022. 5. 30

각공서재에서

中里 한 두 현

Contents

차례

Contents

Contents

Contents

Contents

Contents

쪼꼬만 행복 1

아버지 체취

오늘도
종로타워엘 들른다

소변도 보고
아버지 체취도 맡을 겸

선린상업 나와
처음이자 마지막 직장 화신백화점

돌 때 돌아가셨으니
얼굴도 모르지만 여길 오면 아버지 땀 냄새

어느 누군들
매일같이 아버지 체취 맡는 복 타고 났으리오

2021. 7. 24

쪼꼬만 행복 2

헤이즐넛 커피

커피 하면
초이스 커피만 마시다가

어찌어찌하다
요즘 헤이즐넛 커피에 꽂혀

1리터 페트병
냉장고에 넣고 냉커피로 홀짝홀짝

맛도 일품에
가성비까지 좋다 보니 일거양득일세

오래오래 살려면
하나만 고집 말고 두리번거리며 살아야

2021. 7. 25

쪼꼬만 행복 3

그늘 따라 만만보

나간 옥수수
팝콘 되어 들어오는 찜통

난생처음
생수병 사 들고 휘적휘적

아무리
네가 세다 한들 늙은이 꾀야

8시 반쯤 시작해
두터운 빌딩 그늘 따라 걷노라면

불타는 태양도
두 손 번쩍 들고 한숨만 푸푸푸푸

2021. 7. 27

쪼꼬만 행복 4

샤워한 몸의 수박 맛

6시 출근
4시 퇴근해 샤워한 다음

소파에 앉아
시원한 화면의 TV를 보며

서늘해진 몸에
차가운 수박을 먹는 맛이란

모르긴 몰라도
찜통더위가 없는 천상사람들이야

죽었다 깨도
어찌 이 맛을 짐작인들 할 수 있으랴

2021. 7. 30

쪼꼬만 행복 5

아침저녁 삼각산

서재 창밖
인수봉 백운대 만경대

전생에
삼각산 호랑이였었나

끈끈한 인연
그대 산자락에서 태어나

초중 시절 말고는
학교도 직장도 집도 그대 곁

새로 산 집 턱밑이라
아침저녁 문안 인사하는 즐거움

2021. 8. 1

쪼꼬만 행복 6

새벽 산뜻한 솔향

새벽 4시
침실 창문 여니

산뜻한 솔향
물밀듯 몰려들어

거실 서재
주방 문까지 활짝

이제나 저제나
밤새 기다리던 녀석들 차지

온 집안
점령당하고도 니나노 부르는 하루

2021. 8. 4

쪼꼬만 행복 7

교장 학교 운동장 보듯

거실 전면 유리창
솔밭 운동장을 바라보노라면

마치 교장실에서
학교 운동장을 바라보는 느낌

아침 일찍부터
저녁 늦게까지 운동 그칠 줄 몰라

시공을 공유할 따름인데
남녀노소 즐거운 운동을 통해 건강해지길

바라는 마음 간절
저들이 튼튼해지면 나도 그럴 거라는 흐뭇함이여

2021. 8. 6

쪼꼬만 행복 8

민둥머리 덮이면

젊어선
숱이 너무 많아 불편

늙으니
민둥머리 덮느라 수고

벌거숭이 절반에
주변머리 아직 풍부해

상투 틀 듯
사방 머리 치켜올려 덮이면

오늘 하루도
대머리 인생 면했다는 안도감

2021. 8. 8

쪼꼬만 행복 9

마라공방 예의범절

마라탕
맛만 좋은 게 아니다

예의범절
전통이 살아 숨 쉬어

늙은이가
적게 오기도 한다지만

들어가
먹고 나올 때까지 특별대접

조선족이여
이 아름다운 전통 길이길이

2021. 8. 11

쪼꼬만 행복 10

바늘 실 부부

바늘 실 부부
엊그제도 치과병원행

나이 먹으니
자주 가는 게 병원이라

하도 함께라
의사가 신경을 쓸 정도

잠시만 안 보여도
오늘은 어째 혼자신가요

나는 늘 운전기사에
언제는 환자 언제는 보호자

2021. 8.12

쪼꼬만 행복 11

아침 체중 체크

누가
하라고 한 게 아닌데

20년 전부터
아침 체중 체크를 기록해 왔다

어제 신문기사에
바로 이 방법이 장수 비결이라니

얼마나 기쁜지
내가 스스로 건강 점검을 해 온 게

미국에서 실험해
증명한 셈이라 나도 돌팔이 의사는 되는가 보다

2021. 8. 13

쪼꼬만 행복 12

야호 쾌변

야호 쾌변
오늘 아침 이틀 만에

신경 좀 썼다고
편두통이라 약 먹었더니

매일매일
시원시원하게 보던 건데

하루 이틀
찜찜한 게 풀리는 만족감이여

아 글쎄
체중도 1킬로그램이나 줄었지 뭐야

2021. 8. 14

쪼꼬만 행복 13

여유로운 일요 출근

일요일 출근
얼마나 여유로운가

탁 트인
출퇴근길 쌩쌩 달리고

사무실도
거리도 텅텅 비어 있으니

시골 농사도
공장장 시절도 일요일 몰라

몸에 밴
출근이다 보니 더욱 즐거워라

2021. 8. 15

쪼꼬만 행복 14

고3 손자 통화

일요일
저녁이면 들뜬다네

고3 손자
어김없이 전화하기에

일분 일초도
아까운 녀석이라 더욱 기특해

서로서로
기다렸던 통화라 아쉬울 수밖에

먼 훗날 손자도
자기 손자 전화 기다리는 그림 그리며

2021. 8. 16

쪼꼬만 행복 15

신의 음식 돼지머리

공장장 시절 고사
많이 지내서만이 아니다

항암치료 시
돼지머리 먹어서만이 아니다

언제 먹어도
격조 높은 신의 음식이란 생각

새로 삶은 고기
잘 썬 것 사다 냉장고 넣어 놓고

출출한 저녁
몇 점씩 먹는 기분 아주 흡족해

2021. 8. 17

쪼꼬만 행복 16

로드스톤 시대

드디어 깔렸다
큼직큼직 반듯반듯 화강암

오피스텔 길
보도블록 벗기고 평평한 돌

마누라 없인 살아도
장화 없인 못 산다는 시대인

어찌 이런 호강
할 줄이야 역시 오래 살고 볼일

발목 수술로
지팡이 짚고 다니는 날 위한 듯한

2021. 8. 18

쪼꼬만 행복 17

아내 덕 아구찜

아구찜
너무너무 맛나지만

혼자
먹을 수 없어 참는데

오늘
아내가 날 위해 동행

맵고 짜게 주문
아구보다 콩나물이 더 좋아

먹고 또 먹었지
배가 맹꽁이처럼 불룩될 때까지

2021. 8. 19

쪼꼬만 행복 18

삼복 즐기는 모임

삼복
현들의 모임 하자

더윈
달아나고 즐거움이 성큼

황칠 삼계탕
맛도 몸에도 좋아 더욱더

초복이 지나면
중복이 기다려지고 말복도

삼복이 아니라
일 년에 십 복쯤 돼도 좋겠구먼

2021. 8. 20

쪼꼬만 행복 19

새벽 깨우는 사나이

201호
새벽같이 불을 밝히더니

뒤질세라
지하주차장 시동도 거는구나

활기찬 녀석
바라보던 행복의 여신 중얼중얼

내가
저런 사나이를 돕지 누굴 도우랴

늙은 몸
살아가는 모습 젊은이 뺨치고 있으니

2021. 8. 21

쪼꼬만 행복 20

가을장마 난타

차가운
가을 소나기 세차

큰 우산
양복 웃저고리 꺼내 입고

시골집
추녀 물소리 그리며 산책길

우산 속
베토벤의 소나타인지 난타인지

공연장
신나게 연주하는 비의 솜씨 대단해

2021. 8. 22

쪼꼬만 행복 21

싱글벙글 짐꾼

날씨
선선해 아내와 걸어서

돼지갈비
된장찌개 먹고 돌아오는 길

빨간 햇고구마
예뻐 두 봉지 사 들고 오는데

노란 참외
맛있어 보여 또 샀으니 완전 짐꾼

홑몸 걷기도
과분한 몸 어느덧 짐꾼으로 신분 상승

2021. 8. 23

쪼꼬만 행복 22

아구찜 긴급 소집

현들의 모임
잘 안 먹는 회원 하나

웬일로
오늘 아구찜이 먹고 싶다 해

긴급 소집
세 시간 만에 모여 떠들다가

아주 신나게
아주 맛있게 먹고 또 먹었다

만날 수 있고
먹을 수 있을 때 먹고 웃고 떠드는 거야

2021. 8. 24

쪼꼬만 행복 23

푸짐한 전주비빔밥

몰랐다
이리 푸짐할 줄

어찌나
나물이 많은지

밥 반 공기에
다 넣고 비볐더니 배가 불룩

외가 진외가
전주 이씨라 지방 축문 쓰다 정든

전주하면
어릴 적 벌꿀 석류 실컷 먹던 외가 떠올라

2021. 8. 25

쪼꼬만 행복 24

되게 바쁜 둘째 아들

대구 사는
둘째 아들 세미나로 왔다

하도 열심히 살아
건강이 걱정인 경북대 교수

서너 달 전
아버지 기일에 왔었으니 오랜만

아침 출근하며
옛 집안 얘기 꽃피우는 즐거움 쏠쏠

나 아니면
누구도 전할 수 없는 참 인성교육 마당

2021. 8. 26

쪼꼬만 행복 25

고향 옥수수 잔치

달포 전
고향 옥수수 한 상자 보내와

찌자마자
옆집 윗집 아랫집 댓 자루씩

감자바위
특산물이 감자 옥수수이다 보니

자연스럽게
주는 이나 받는 이나 부담 없어

쌈빡한 나눔
이만한 품목도 그리 쉽지 않으리

2021. 8. 27

쪼꼬만 행복 26

우산이 즐거운 날

나설 때
빗방울 하지 않으면

우산
좀처럼 들지 않는데

오늘
한 시간쯤 걷자니 소나기

미안해
간 졸이던 녀석이 와와와

나 역시
한 치 앞은 볼 줄 안다고 으쓱으쓱

2021. 8. 28

쪼꼬만 행복 27

점심 네 번 먹던 날*

부대찌개
먹으러 가니 불 꺼짐

황칠 삼계탕
먹으러 가니 오늘 쉼

복매운탕
먹으러 가니 문 닫아걸어

세 군데 다
입 아닌 마음으로 먹는 심식心食했어도

아직 배고파
갈비탕 입으로 먹어 구식口食하니 배 불뚝

* 코로나 4단계 토요일 2021. 8. 29

쪼꼬만 행복 28

일요 특식 유린기

언제부턴가
일요일이면 유린기를 즐긴다

아침 출근했다
아내를 픽업 수유리 맛집에서

바삭바삭한 닭고기 튀김
매콤새콤한 양파 양상추 샐러드

배불리 먹어도
뱃살 걱정 줄어드는 상큼한 특식

기름진 육류 같던 젊은이
삼빡한 유린기 닮은 늙은이 되려나

2021. 8. 30

쪼꼬만 행복 29

걷는 게 즐거운 인생

비가 오나 눈이 오나
추우나 더우나 걷는 인생

운동이라곤
숨 쉬는 운동 말고는 걷는 운동

10여 년 전
패혈증 후유증에 오른쪽 발목 수술

지팡이 짚고
찔뚝찔뚝하면서도 하루 두세 시간씩

밥은 한 끼 굶어도
빠짐없이 걷다 보니 정신 육체 튼튼해

2021. 8. 31

쪼꼬만 행복 30

송현동 이건희 미술관

송현동
이건희 미술관이 성사된다면

얼마나
좋은 일이냐 궁궐이 앉을 명당에

세계적 명품
품격 있는 자리에 놓이면 고인도 활짝

덩달아
날이면 날마다 산책길이라 나 역시 손뼉

유치 가능성
높아지고 있다니 살아생전 드나들 꿈 꾼다네

2021. 9. 1

쪼꼬만 행복 31

얼떨결 회 정식

황칠 삼계탕집
자리 넉넉해 11시 반쯤

이게 웬일
코로나 관계로 휴업이라니

부랴부랴
이 집 저 집 두리번거리다

활어횟집
깨끗하고 손님 적어 회 정식

좀 비싸나
돈 되고 맛 좋으니 무얼 더 바래

2021. 9. 2

쪼꼬만 행복 32

묵언 맞춤 식단

일주일
점심 한 끼도 단골

묵언 주문에
식단은 맞춤 식단이라

생마늘이라든지
밥 양이나 반찬 종류 간에 이르기까지

뺄 건 빼고
넣을 건 넣어 깔끔히 신경써 주니 짱

집에서
어머니나 아내가 알아서 맞추어 주듯이

2021. 9. 3

쪼끄만 행복 33

전생에 고래

내가
전생에 고래였나

조기든
갈치든 고등어든

통째로
먹어야 직성이 풀려 기분 짱

이빨 튼튼하고
소화력 좋아 그렇기도 하지만

남겨지는
내장이나 뼈 가엾이 여겨서리

2021. 9. 4

쪼꼬만 행복 34

퇴근길 60년대 팝송

60년대 초반
신공덕동 공대 잔디밭 도시락

우렁차게
흘러나오던 팝송 바로 그거야

작업복에
무거운 배낭 지고 고갯길 오르느라

비틀스 노래인지
멀리서 울부짖는 승냥이 소리인지 듣기만

험준한 고개 넘어
아스팔트길 달리며 감상하는 느낌 남달라

2021. 9. 5

쪼꼬만 행복 35

할아버지 아버지 손자

아내와 함께
돼지갈비집엘 갔더니

할아버지
아들 어린 손자 엄마 한상에

저런 그림
나도 여러 번 그려 본 추억 생생

머지않아
증손자까지 보아 한자리에 앉은 모습

상상하자니
점심 맛 좋고 오래오래 살아야겠다는 꿈

2021. 9. 6

쪼꼬만 행복 36

세찬 가을바람

80킬로 거구도
넘어뜨릴 듯한 가을바람

찐득찐득한
무더위 확 날려버리더니

하늘 구름도
말끔히 싹 쓸어버렸구나

통쾌한 바람아
어디 갔다 이제사 나타났더냐

진즉 왔더라면
더위에 먼 길 떠난 친구 발길 가벼웠으리

2021. 9. 7

쪼꼬만 행복 37

차디찬 가을비

주룩주룩
차디찬 가을비 내린다

나갈까 말까
망설이고 망설이다가

에라 모르겠다
웃저고리 큰 우산 챙겨

나서니
어찌나 기분이 상큼한지

움막 속보다
사냥하러 산야를 달리던 DNA이리

2021. 9. 8

쪼꼬만 행복 38

쥐도 모르는 세상

날씨
쌀쌀해지는 이맘때면

발 내놓고
자는 나에게 찾아오는

불청객 쥐
얼마 전부터 마그네슘 먹고

쥐도
모르는 세상 즐기고 산다네

6.25 직전까지
키니네 없어 학질로 사경을 헤맸는데

2021. 9. 16

쪼꼬만 행복 39

차도보다 넓은 인도

창덕궁
돈화문로 독특해

차도보다
양쪽 인도가 배는 돼

이런 길
하루도 빠짐없이 걷는다네

전주우족탕 노파
아직 서울 구경도 못했다던데

서울 사람인들
이 길 걸어 본 사람 몇이나 되랴

2021. 9. 10

쪼꼬만 행복 40

아리수 벌컥벌컥

언제나
수돗물 아리수만 마신다

기분 짱
냉장고 속 끓인 물 벌컥벌컥

동물의 왕국
더러운 물도 없어 죽어가는데

깨끗이 처리한 물
무엇이 걱정되어 생수를 귀찮게

샘물만 고집한
코끼리 무리 있었다면 이미 사라졌으리

2021. 9. 11

쪼꼬만 행복 41

재산세 해프닝

토요일
아내한테서 전화

내 오피스텔
재산세가 2천2백만 원이란

2백2십만 원
잘못 읽은 것도 아니란다

걱정 걱정 걱정
팔자니 내 건강 파는 거라

야호 야호 야호
집에 도착 확인 종로빌딩 합산일세

2021. 9. 12

쪼꼬만 행복 42

새벽 조깅의 추억

새벽 4시 반
침실 창문 여니

두세 명
솔밭 운동장 조깅하네

아이 넷
새벽같이 깨워 화계사 달리던 추억

불현듯 떠올라
참 열정적으로 키웠구나 하는 흐뭇함

젊어서건 늙어서건
일찍 일어날 수 있으니 더 무엇 바라리

2021. 9. 13

쪼꼬만 행복 43

참 좋은 인상

아내
임플란트 보호자

컨디션도 별로
접촉 사고도 난 날인데

간호사 선생 왈
참 인상이 좋으십니다

예쁜 말
피로가 확 풀리는 기분

나도 남은 인생
다른 이의 기쁨 주며 살자 다짐

2021. 9. 14

쪼꼬만 행복 44

늙어도 1등은 좋아

아내
골다공증 주사 날

출근길
곧바로 세브란스 가자

시간 반이나
기다리게 돼도 1등은 좋아

편의점 가
꼬추튀김 사 먹고 신문 사 보고

외국 여행 때
우리 부부 맨 먼저 추억 떠올라

2021. 9. 15

쪼꼬만 행복 45

어리둥절 되비지

50년대
고등학생 시절

폐결핵 걸려
보양식이라 즐기더니

이제 와
체중 오버 된 날 점심

다이어트
식품으로 날 먹는다니

이런들 저런들
어떠하리 잘 먹어 주면 고마운 일

2021. 9. 16

쪼꼬만 행복 46

책꽂이의 함성

오늘
쓰레기 수거한 날

처음
잡지 한 다발 버리니

책꽂이
야호야호 함성 지르네

먹기만 하고
배설을 못 하니 숨 막혔는데

진즉 그리할 게지
나중 덤프트럭에 버리면 뭐가 낫나

2021. 9. 17

쪼꼬만 행복 47

굽은 소나무 손자

대구 사는
둘째 아들의 둘째 아들

고3 형 때문에
발이 묶여 오랜만에 왔다

부족함이 있는
아픈 손가락인데 고막파열 진료차

전생의 업보일지
누구의 잘못도 아닌 장애로 고통받아

훌쩍 자란 셋째 손자
이 녀석이 선산을 지켜줄 듯 흐뭇함이여

2021. 9. 18

쪼꼬만 행복 48

텅텅 빈 공간의 마력

추석 연휴
출근길 산책길 텅텅

아무도 없는
공간 아주 아주 흐뭇해

언젠가
폭우 쏟는 북한산 홀로 산행

온 산을 얻은 듯
너무너무 마력적인 추억이라

홀로 왔다
홀로 가는 인생 홀로 즐김도 좋으리

2021. 9. 19

쪼끄만 행복 49

누나야 86회 생일

엄마야
누나야 강변 살자

김소월
우리 집을 읊은 듯

우리 식구
셋이서 알콩달콩 살았지

엄마보다 엄마야
누나보다 누나야 더 정겨워

누나야 86회 생일
엄마야 계셨으면 기쁨 하늘 찌르리

2021. 9. 20

쪼꼬만 행복 50

어디서 이런 속도감

천리마 타고
전장 누비던 장군이었나

속도의 쾌감
120킬로 달리는 성묫길 운전

아우토반처럼
좋은 도로에 300킬로 정도라면

어느 정도
만족할 수 있으련만 여건이 안돼

기대해 본다
날으는 자동차 나오면 한껏 쌩 쌩 쌩

2021. 9. 21

쪼꼬만 행복 51

초 두 개만 케이크

누나
생일 케이크 사면서

뚱딴지 생각
102살 때 초 두 개만

두 살 차라
난 100살이 된다는 얘기

누가 알아
꿈이 이루어지는 날 올지

하루하루
지혜롭게 살다 보면 오래 살리라

2021. 9. 22

쪼꼬만 행복 52

고향의 뿌리 튼튼해

나는
조상 탓 안 한다

우리 고향
500여 년 전 세조 때

16대 할아버지
낙향해 잡은 노숲 집성촌

화려했지
왕비 한 분 삼정승 육 판서

충효 애국지사 있어도
역적 친일파 없는 튼튼한 뿌리이니

2021. 9. 23

쪼꼬만 행복 53

고향마을 선산이라

고향도
선산도 없는 이 늘고

있다 해도
고향 따로 선산 따로라

가까운 일가
떠나면 발길 멀어지지만

아버지 어머니
조 증조 고조 윗대 조상 계셔

설 추석 명절
시제 때 고향 마을 가는 즐거움

2021. 9. 24

쪼꼬만 행복 54

늦잠 자고 정시 출발

결혼 54년
깨워 일어난 건 처음

핸드폰 거실
알람 소리 듣지 못해

30분 늦어
지각했구나 싶었지만

부랴부랴
양치질 세수 옷 입고 밥 먹고

잠에 곯아떨어진
차 녀석들 뒤로하고 멋지게 정시 출발

2021. 9. 25

쪼꼬만 행복 55

일요 외도의 즐거움

일요일
의미 없는 날이지만

흰 와이셔츠
넥타이가 아닌 남방

누룽지탕 말고
요즘은 마라탕 라면

출근은 정시
퇴근은 4시간 빨리해

점심을
아내와 외식하는 즐거운 외도

2021. 9. 26

쪼꼬만 행복 56

오랜만 신나는 체중

얼마 만인가
체중이 81킬로대라

웬일이야
그리도 말 안 듣더니

잠깐 방심일까
두 손 번쩍 든 건 아닐게고

아니면
하도 열심히라 져 주는 척일까

아파서가 아닌
노력해서 얻은 결과이니 신나라

2021. 9. 17

쪼꼬만 행복 57

우리 집이 좋다니

도우미
돈 많이 준다는 데

간다고
한나절 만에 나가더니

몇 달 동안
다시 오게 해달라 조르다가

안 되니까
나한테까지 전화 메시지 공략

이러나저러나
우리 집이 좋긴 좋은 모양이라

2021. 9. 28

쪼꼬만 행복 58

장애인 주차증의 효도

아내
척추협착증 수술로 받은

장애인 주차증
어찌나 좋은지 효자 노릇

병원
고속도로 휴게소 아주 편리

중병
두 번 앓은 난 없는데 복이지

나쁜 일
뒤끝에 온 보너스라 더욱 흡족

2021. 9. 29

쪼꼬만 행복 59

농사 접는 노년 농부

농사
날이 갈수록 힘들지

세금
다락같이 올라가지

자식
사회 나가 다들 자립했지

에라
농토 팔아 편히 살다 가자

결국
중리종로빌딩 오늘 넘겼다네

2021. 9. 30

쪼꼬만 행복 60

신문 배달 아줌마

출근길
주차장 막 나오자니

기다린다
준 책 잘 읽었다 인사하려고

희망의 사다리
만들어 주려는 마음에 자녀교육 책

개천에서 용
아닌 세상이라지만 공부만 한 게 없어

어려웠던 시절
떠올라 고생하는 사람 보면 돕고 싶다네

2021. 10. 1

쪼꼬만 행복 61

닳아버린 손가락 지문

열 손가락 지문
몰랐다 몽땅 닳아버린 줄

인감증명 떼러
모처럼 갔다가 감식 불능

하나같이
동글동글 참 예뻤는데 어쩌다

웃음이 난다
지문도 없는 사나이가 되고도

상상한 게지
열심히 산 삶의 훈장이라도 탈 듯한

2021. 10. 2

쪼꼬만 행복 62

코로나프리 영동빌딩

올망졸망
홀로 하는 금세공 공장

코로나 시기
임대료 공실 문제없어

늙은 건물
여기저기 샌다 아우성

관리 직원 두 명
주위에선 팔아 치우라던

지질컹이 녀석
어려운 시기에 효도하니 흡족해

2021. 10. 3

쪼끄만 행복 63

코로나프리 우정국로

조계사
종로타워까지 우정국로

옛 건물
최신식 빌딩이 공존하는

신기하게
빨간 임대문의 글씨 안 보여

어딜 가나
빈 가게 널려 있는 코로나 시기

마음 편히
산책할 수 있어 얼마나 고마운지

2021. 10. 4

쪼꼬만 행복 64

노블리스빌 대표 선수

개천절
대체휴일 출근길 주차장

10시간 후
퇴근길 주차장 풍경 똑같아

어쩌면
한 대도 움직이지 않고 있다니

놀라워
최고령 운전자 하루종일 뛰는 동안

맞아 맞아
노블리스빌 대표 선수이니 당연한 게지

2021. 10. 5

쪼꼬만 행복 65

체중과의 한판 승부

야호 야호
들배지기로 멋지게

어제 아침
안다리걸기에 지고 나서

하루 종일
점심까지 굶어가며 연구 연구

마침내
오늘 아침 번쩍 들어 메어꽂았지

방심은 금물
체중과의 한판 승부 삶의 활력소라

2021. 10. 6

쪼꼬만 행복 66

뒷맛도 깨끗 갑장 친구

세 번 웃는
삼소회 동갑내기 친구

오랜만에
오니 기쁨이 절로 난다

다른 멤버
세 번 웃기도 어려운데

이 갑장甲長
뒷맛까지 깨끗해 다섯 번쯤이랄까

60여 년 한결같은
이런 친구 누군들 부러워하지 않으리

2021. 10. 7

쪼꼬만 행복 67

난생처음 치매 테스트

늙은이
가장 걱정거리 치매

테스트
면허갱신 때문에 해야

난생처음
하는 일이라 은근히 긴장

해보니
아무것도 아닌 너무 쉬워

암 그래야지
100세까지 운전해야 하니까

2021. 10. 8

쪼꼬만 행복 68

엄마 은행나무의 미소

노란 은행
주렁주렁 엄마 나무

구청 직원
털어 털어 청소차에

아마도
한 섬은 넉넉히 될 듯한

물으니
쓰레기 매립장 행이란다

아깝다 싶었는데
미소 짓는 나무 보니 나도 흐뭇해

2021. 10. 9

쪼꼬만 행복 69

굶주린 창경원 관람

시골 촌놈
54년 산업박람회 관람

아침 굶고
기차로 청량리 걸어 창경원 오고 가

어찌나 고팠던지
동물도 나무도 궁도 굶주린 듯한 모습

인연 끈끈해
몇십 년 하루도 빠짐없이 만나는 창경궁

다만 그때나 이때나
굶는 건 같으나 없어 굶고 배 나와 굶는다네

2021. 10. 10

쪼꼬만 행복 70

오늘 아침 3박자

눈 뜨자 잰
혈압수치 110×63

걱정거리 체중
어제보다 800g 다운

엊저녁 다이어트
효력 나타나 상쾌한 출근길

주차장 나오자
신문 배달 아줌마 만나 반가운 인사

오늘 아침 3박자 +
도로까지 텅텅 빈 대체휴일 쌩 쌩 쌩

2021. 10. 11

쪼꼬만 행복 71

책 사는 발걸음

몸
싱싱할 땐 헌 책 사러

청계천
헌 책방 뒤지고 뒤졌지

헌 몸
된 요즘 새 책만 사러

교보문고
영풍문고 찔뚝찔뚝 간다네

젊으나 늙으나
헌 책이나 새 책이나 사는 발걸음 가벼워

2021. 10. 12

쪼꼬만 행복 72

할아버지 향기의 길

고등학교
시험 보러 온 서울

전차 값 아끼려
그랬는지 길 숙지시키려 그랬는지

아침 일찍
행당동 고모 집 떠나면 온종일 걸었다

그중 한길이 삼선교길
돈암동 성북동에 가까운 일가 찾아보러

인물도 건물도
다 사라지고 할아버지 향기만 풀 풀 풀

2021. 10. 13

쪼꼬만 행복 73

아픔 따라온 안락

어젠
몸살감기로 아파

점심도
산책도 못하고 퇴근

끙끙끙
타이레놀 항생제 먹고

땀 푹 내고
잤더니 오늘 아침엔 날라갈 듯

아픔 따라온
안락이야말로 유쾌 상쾌 통쾌

2021. 10. 14

쪼꼬만 행복 74

특별사면 병원 유치장

야호
자유의 몸이다

오한
벌벌 떨며 운전 중

경찰
한테 들켜 119에 실려

세브란스병원
들어간 지 꼭 7일 되는 날

천사 닮은 신사
감염내과 선생님 특별사면 받아

2021. 10. 20

쪼꼬만 행복 75

역시 자유의 몸이야

오피스텔
도착하니 신문 산더미

정리하고
들어오니 연꽃이 시들시들

물을 가득
부어 주니 살았다고 와 와 와

오늘 아침
일어나니 식당 시계 죽어 살리고

세브란스가 주사
점심 황칠 삼계탕 푸짐하게 먹었다네

2021. 10. 21

쪼끄만 행복 76

드디어 운전면허 갱신

젊어선
면허증 갱신 쉽더니

고령자
왜 그리 복잡한지

인터넷
강의를 몇 시간씩

치매기
있나 없나 테스트까지

운전보다
귀찮은 일 드디어 해내니 홀가분

2021. 10. 22

쪼끄만 행복 77

통쾌한 통원 주사

한 시간
항생제 주사 맞자고

하루 종일
입원한다는 건 말도 안 돼

어제도 오늘도
주사실에 갔다 오는 즐거움 쏠쏠

산보도 하고
이 집 저 집 다니며 맛난 음식도 먹고

무엇보다도
어색한 간병인이 아닌 아내와 동행이 좋아

2021. 10. 23

쪼꼬만 행복 78

애마의 환한 미소

벌써
열흘이 되었구나

그대가
경찰서 마당에서 노숙한 지도

정말 미안
오한이 심해 119에 실려 가느라

천만다행
세브란스 입원 치료 잘 받고 나와

이렇게
더러워진 몸 샤워시키니 환한 미소 짓네

2021. 10. 24

쪼꼬만 행복 79

맘에 든 비싼 겉옷

싸늘한
가을 마땅한 겉옷 없어

캐주얼
단골집엔 110 규격까지라

하는 수 없이
백화점 이리 기웃 저리 기웃

겨우 하나
골랐으나 그것도 115는 주문생산

체중 덕분이지만
참 오랜만에 비싼 옷 사게 되니 흐뭇

2021. 10. 25

쪼꼬만 행복 80

병원 만남이 즐거운 나이

병원 친하게
지내야 장수하는 시대

고령이 되다
보니 쥐 방굴 드나들 듯

어제는
정기검진 차 온 누나 만나

점심도 하고
수다를 떨 수 있어 좋았다

늙은이
요양원에서 만나지 말기를 바랄 뿐

2021. 10. 26

쪼꼬만 행복 81

아는 병 낫는 병

통원 주사
일주일 더 맞으란다

아는 병
낫는 병인데 무에 걱정

난치병 불치병에
비하면 아무것도 아니지

그러나저러나
입원해 2주간 더 치료했다면

무려 생돈이
500여만 원 소비됐을 터라 흐뭇

2021. 10. 27

쪼꼬만 행복 82

좋아진 주차 실력

요즘
주차 실력이 좋아졌다

출퇴근
하루 두 번 하던 주차

세브란스
다니느라 몇 번씩 하다 보니

어느새
몇 번 꺾지 않고 빠르고 반뜻하게

통원 주사가
이리도 두루두루 이로울 줄 미처 몰랐네

2021. 10. 28

쪼꼬만 행복 83

날마다 당일치기 여행

날이면 날마다
아내가 따라붙는다

오한으로
119 실려 간 다음부터

젊어선
장기 해외 출장도 혼자 거뜬했는데

늙으니
당일치기 여행도 미덥지 않은 모양

백년해로라
나이 먹어 보니 이보다 더 좋은 게 없을 듯

2021. 10. 29

쪼꼬만 행복 84

자비도량참법

전생의 업장
소멸해 준다는 불서

자비도량참법
조계사 맞은편까지 가

큰 책 두 권
무거웠지만 흡족한 마음

착하디착한 애들
무슨 전생의 업장 그리 두터워

저리도 괴로운지
이 책 읽고 업장소멸 되길 기원

2021. 10. 30

쪼꼬만 행복 85

콩나물죽 DNA

콩나물죽
우리 할아버지 재테크

3년 쑤어
가난 극복 기틀 마련한

우리 가문
DNA 하나로 남아 숨 쉰다

자수성가
할아버지 자손들 절약이 몸에 배

오늘도 내일도
콩나물국이던 아구찜이던 즐긴다네

2021. 10. 31

쪼꼬만 행복 86

박스권에 든 체중

±300g
박스권 들어간 체중

±1,000g
널뛰기 식은 죽 먹듯 하더니

항생제에
주눅이 들었나 10일째 얌전해져

요즘
운동도 적게 하는데 웬일인지 몰라

아무튼
아침마다 체중계에 오르는 기분 짱 짱 짱

2021. 11. 1

쪼꼬만 행복 87

오랜만 옛날불고기

참으로
오랜만 옛날불고기

여섯 식구
옹기종기 모여 즐기던

요즘
사라져 가는 메뉴라 어렵게

생게장 말고
불고기 맛은 옛 그대로일세

언제 한번
자식들 다 불러 먹는 꿈꿔 본다

2021. 11. 2

쪼꼬만 행복 88

조용히 떠난 떠벌린 손님

무슨 손님*
그리도 소란 피우는지

일가란 일가
모두 전화 걸어 댔으니

큰일 났다 싶어
아내는 꼬박 3주간 밀착 보호

임금 행차인들
이보다 더 융숭한 대접 했으랴

좋은 음식 좋은 잠자리
좋은 구경시켜 주니 조용히 떠나네

2021. 11. 3

* 퇴근길 오한으로 경찰의 저지 받아 119에 실려
응급실 입원 통원 치료하게 만든 피 속 대장균.

쪼꼬만 행복 89

마지못해 한 소송

난
소송을 싫어해

민사 형사
단 한 번도 안 했는데

공무원
책임 안 지려 빼둥빼둥

재단설립 문제
마지못해 제기한 행정소송

승소勝訴
일이 잘 풀리게 되니 흐뭇

2021. 11. 4

쪼꼬만 행복 90

발길 끌리는 운현궁

할아버지
늘 말씀하시던 흥선대원군

거처하시던
운현궁이라서만이 아니다

고조부 형제분들
정승판서로 정치 논하던 곳

노안당老安堂
툇마루에 걸터앉아 귀 기울여 보면

껄 껄 껄 껄
할아버지들 웃음소리 들리는 듯하다

2021. 11. 5

쪼꼬만 행복 91

조계사 길 묻는 보살

두툼한
회색 재킷 콤비 차림에

청려장 짚고
노랑 은행잎 길 걷는데

안국역 근처
누가 뒤에서 부른다 “아저씨”

뒤돌아보니
50대 보살 조계사 가는 길 묻네

어찌나 기분 좋은지
아주아주 친절하게 가르쳐 주었지

2021. 11. 6

쪼꼬만 행복 92

싱싱한 뿌리 싱싱한 새싹

종손 팔다리
포탄 갖고 놀다 잘리고

종부 소아마비
생활고에 찌든 내리막길

참 신기한 일
버려진 조상 산소 잘 모시고

해마다 시제 지내자
아들딸이 다 잘되고 자손 번창

뿌리 싱싱해지니
싱싱한 새싹 무럭무럭 자라는구나

2021. 11. 8

쪼꼬만 행복 93

올해도 밟는 황금 카펫

가을비
세찬 바람 부는 날이면

우산이
뒤집힌다 해도 산책을 한다

깔아 놓은
황금 카펫 밟는 영광 위해

세계적 대스타도
적색 카펫 위 걷기 어려운데

나는 걷는다네
지난날에도 올해에도 미래에도

2021. 11. 9

쪼꼬만 행복 94

새카만 하늘 새하얀 눈발

새벽 길
새카만 하늘에서

새하얀
눈발이 하늘하늘

캄캄한
미래에도 희망이 있다는 듯

한 치 앞
안 보인다고 서러워 마시라

절망 속에도
수많은 행복의 싹이 존재하리니

2021. 11. 10

쪼꼬만 행복 95

늦잠 자고 정시 출근

새벽
깜빡 잠들어

준비시간
절반이 달아났다

부랴부랴
단축단축 생략생략

오피스텔
정시 도착하니 기분 짱

돌발 상황
대처 능력 아직 살아 있음에 흐뭇

2021. 11. 11

쪼꼬만 행복 96

친구 중의 친구 음악

평생
가장 가까운 친구

음악
밥을 달라나 옷을 달라나

묵묵히
기다리다가 부르면 달려와

즐거움
외로움 서글픔 함께해 주는

이런 친구
둘만 있었으면 훨씬 더 행복했으리

2021. 11. 12

쪼꼬만 행복 97

나눔의 미덕 고사

성주신
조왕신 터주신 문신 삼신

시월 상달
사는 집에 계시든 안 계시든

팥 시루떡
막걸리 부어 놓고 나눔의 고사

긴가민가
서먹서먹 이웃사촌도 떡 소통 반겨

시제 지내 혈연
챙겼으니 고사 지내 지연 챙기는 날

2021. 11. 13

쪼꼬만 행복 98

하루 시작 누나 전화

엄마
배 속에서 나올 때

있었던
유일한 생존자 누나

콩
한 알도 반쪽씩 나누던

세상
단둘인 남매라서 그런지

매일 아침
걸려 오는 전화 더없이 즐거워

22021. 11. 14

쪼꼬만 행복 99

아침 일찍 깬 아내

오래전
아내 척추협착증

수술해
딴 방 쓰는 우리 부부

요즘 들어
밤새 안녕이 부쩍 궁금

아침 일찍
아내가 혼자 일어나면 야호

백년해로
서로서로 건강 챙겨 주며 오래오래

2021. 11. 15

쪼꼬만 행복 100

이루어야 할 꿈

가진 것도
다 비워야 할 나이

이루려는
새 꿈이 있다니 특이한 일

나에겐
꼭 성취해야 할 서원이 있어

그러니
100세까지는 살아남아야 한다

꿈을 안고
살아가는 늙은이 많은 응원 있길

2021. 11. 16

中里 한두현(韓斗鉉) 시인

■ 약력

- 1938년 서울 상왕십리 출생.
  부친 별세로 고향인 강원 원주 부론 노숲 성장(돌 때부터)
- 초등학교 6학년 때 6.25발발 2년간 농업에 종사하느라 진학이 늦어짐
- 중학 3학년 때 학생회장으로 정의심 발동으로 전교생을 7일간 동맹휴학으로 이끌어 목적을 달성하였으나, 장기정학처분 및 수석졸업에 品行可를 받음
- 국립교통고등학교(국비) 졸업. 서울대학교 공과대학 졸업
- 35년간 섬유업계 종사, 상장회사 대표이사 사장 역임 후 자진 은퇴, 제3인생 시작
- 국가발전기여공로 석탑산업훈장 수훈
- 기술사, 발명가, 글지이, 조각가
- 문예사조 시 신인상 당선 문단 데뷔
- 문예사조문인협회 회원, 서울시낭송클럽 상임위원
- 한국문인협회 회원, 국제펜 한국본부 회원

■ 수상 (詩부문)

- 문예사조문학상 본상 수상
- 한국자유시인상 대상 수상
- 未堂徐廷柱시회상 수상
- 한국문학비평가협회 문학상 수상

■ 시집

- 인연(제1시집)
- 인왕산(제2시집)
- 서원의 길(제3시집)
- 마중물(제4시집)
- 몽당연필(제5시집)
- 징검다리(제6시집)
- 태풍아(제7시집)
- 어느 여의사(제8시집)
- 몰록(제9시집)
- 호모사피엔스(제10시집)
- 한두현 詩전집 1 · 2
- 말문이 열린 江(01시집)
- 촛불의 푸념(02시집)
- 항해하는 지성인(03시집)
- 프로부모(04시집)
- 비우는 즐거움(05시집)
- 틈새의 美(06시집)
- 설레임(07시집)

■ 저서

- 자식을 부모의 팬으로 만들어라
  〈자녀교육해법 124장〉 나남출판
- 자식에게 무엇을 가르쳐 세상에 내보낼 것인가
  〈뿌리교육해법 124장〉 나남출판
- 자식을 우리의 옛 이야기로 길러라 1, 2
  〈이야기 인성교육 620마당〉 나남출판
- 자식교육 이제는 프로부모의 시대다
  〈전문부모의 길 74장〉 나남출판

한두현 제08시집

쪼꼬만 행복 100

초판 인쇄 2022 년 5 월 23 일
초판 발행 2022 년 5 월 30 일

지은이 | 한두현
펴낸이 | 김효열
편 집 | 이미정

펴낸곳 | **을지출판공사**

등록번호 | 1985 년 2 월 14 일 제 2-741 호
주 소 | 서울시 마포구 양화진길 41, 603호
우편번호 | 04083
대표전화 | 02) 334-4050
팩시밀리 | 02) 334-4010
전자우편 | ejp4050@hanmail.net

값 10,000원

ISBN 978-89-7566-210-2 03810